AF285902

CREATCOM

A-3100 St. Pölten
www.creatcom.eu
© by Andreas Reinl
(ALLE RECHTE BEIM AUTOR)

ISBN 3 - 8311 - 3761 - 7
2. Auflage
Herstellung und Verlag:
Books on Demand GmbH, Norderstedt

JEDER TAG
EIN GUTER TAG

... eines Tages entdeckte ich erneut das Lachen. Als ich eben dieses gefunden hatte, fand ich mich im Leben wieder - und liebte.

Dieses Buch ist für Martina, die jetzt mit mir das Leben liebt – und lacht.

Andreas Reinl

Stattersdorf, Dezember 2001

EINSAMKEIT

Schneeflocken schmiegen sich an Zweige,

alleine gehe ich – keine Familie.

Wem soll ich die Hände küssen?

Gäbe es jetzt nur einen.

Die Straßen sind so weit.

SEIN UND WERDEN

Ich bin den Weg gegangen,

habe mich niedergelassen und aufgebaut.

Mich an der harten Arbeit Früchte gelabt.

Jemand weist mir den Weg in die Ferne.

Ich stehe auf und gehe.

LIEBE AUF DEN ERSTEN BLICK

In die Endlosigkeit einsehen
und in der Nähe beikommen.
Die Tiefe des Herzens erhaschen,
wohlige Wärme finden,
Augenblicke halten, loslassen
und immer wieder erleben.
Alle Zeit der Welt sein Eigen nennen,
fühlen und leben.
Durch die Zeiten schweben –
alles herum verschmilzt und schwindet.
Zwei Seelen existieren –
beglückt und für alles bereit.

WASSERSPIELE

Ich blicke ins Wasser,

versuche durch mein

Spiegelbild zu sehen.

Und schaue doch nur mich selbst.

Kleine Wellen und Kreise

zerstören mein Antlitz

 - ich verliere mich

in der Weite des Wassers.

BESCHEIDENHEIT

Die Wärme der Hände spüren
wohlig sich räkeln und strecken –
am Ende die unvermeidbare
Kälte vermuten.
Das zarte Gewächs des Entstehens
beschützen und doch einigermaßen
zurückhaltend begrüßen.
Zuneigung und Gemeinsamkeit nähren.
Die entstehende Wärme
grenzt Angst und Kälte aus.
Das Gegenwärtig sein ermöglicht
Gewissheit zu haben.

VERWINDUNGEN

Blüten, die bei Kälte nicht sind;

Schnee, der im Sommer nicht fällt;

einen Augenblick nur –

scheinbar alles verdreht,

unwiederbringlich ist das Gefühl,

unvergänglich das Sein!

BAR

Das Kerzenlicht am Tisch
verbreitet ein behagliches Licht.

Ich habe hier einen Platz, für mich alleine,
hänge einsam Gedanken nach
und kämpfe gegen Verlassensein.

Beziehungslosigkeit in der Menge
lässt mich frieren.

Das Kerzenlicht am Tisch
verbreitet eine behagliche Wärme.

Ich habe hier einen Platz –
und kämpfe doch gegen Verlassensein.

Du bist nicht da, dennoch scheint als käme
der Kerze Wärme von Dir!

AUF EINSAMEN PFADEN...

Auf einsamen Pfaden wandere ich.

Den Blick über den Reichtum der Natur.

Zart fährt der Wind durchs Haar,

sanft streicht er über die Haut.

Die Augen geschlossen,

der Wind bekommt (deine) Gestalt.

VERGÄNGLICH

Des Abends Schatten
verschlingen das sanfte Rot.
Des Morgens Dämmerung lässt
der Rose Blüte neu erstrahlen.

AUSDRUCK DER ZUFRIEDENHEIT

Dieser Sonnenschein

der in die düstersten Ecken dringt,

Heil vermittelt und die Bereitwilligkeit bringt.

Jener Eindruck der Schwerelosigkeit

wenn man restlos Anteil nimmt.

Die Hände berühren, den Atem spüren.

Nunmehr sein, in allem

das man fühlt und lebt.

Sich dem ergeben was kommt.

Keinen Augenblick möchte ich missen –

ich hörte auf zu sein.

DIE BLÄTTER SIND GEFALLEN

Die Blätter sind gefallen,
braun liegen sie im Nassen.
Die Wege machen es mühsam
sich zu begegnen.
Ab und zu dringt ein Sonnenstrahl
zu mir und wärmt.

FRÜHER

Verpflichtet sein, doch von allem

ein Bildnis mit sich zu tragen,

gleich dem Herbst, der immer wieder

das Verblassen bringt,

und doch damit eine Erwartung lässt.

Möglichkeiten finden, deuten und erleben.

Keine Befangenheit, sondern Güte,

gespanntes Ausharren und Erdulden,

skizziert kein neues Bild –

doch stimmt es für Verständnis.

DER AUGENBLICK

Kalter dunkler Fluss

Zwei Schwäne schwimmen langsam

Stille rundherum

DIE LAST DER ALTEN

Es wird Zeit,
das Gewand der Alten abzulegen,
um mit eigenem Namen in die Flut
der Ungewissheit zu stürzen,
und den Fluss der Zeit zu überqueren.

.

DIE BARKE

All der Ballast der nun auf des
Meeres Wogen tanzt,
hätte meiner Barke
Untergang geheißen.
Der Kurs den ich nun steuere
ist ungewiss, doch nur bis ich
erfahre, welche Winde meine
Segel bauschen.

WUNSCH

Ich möchte getragen sein
von den Wogen des Lebens;
vom Kamm hinunterblicken
auf abtreibendes Leid.

LIEBE

Oft nicht erkannt,

ausgetestet –

nicht für gut befunden.

Aus Angst verzagt, dich ersehnt,

davongelaufen, sich gesucht.

Kein Asyl, aber sein Selbst

in der Gasse gefunden.

VOM HERBST

Regen labt den Fluss

Die Wasser steigen weiter

Er mehrt und mindert

DER FROSCH

Der Frosch kennt
den Reiher nicht.
Dennoch lebt er
in seinem Stimmbereich.
Wartet geduldig,
bis der Lauf der Zeit
ihn findet.

ERKENNTNIS

Vergänglich ist alles.
Was wir erlebten,
ob gut oder schlecht,
vereint uns zu etwas,
was niemand,
ob gut oder schlecht,
je zu trennen vermag.

LEBEN MIT DIR

Einem klaren Tropfen

Wasser gleich,

nachdem mich dürstet

in der Hitze des Tages,

kommt dein Lächeln

und benetzt die Seele.

Durch die kargen Böden des Einerleis,

keimen grüne Spitzen.

... dann berauschende Fülle;

Dies ist Leben – Leben mit dir!

WEGE

Jeder ist ein Teil des anderen.

Man geht einen Weg gemeinsam,

auch wenn er sich teilt,

die Strecke zuvor war

eine gemeinsame,

unwiederbringliche,

eine einzigartige Situation.

MEINE WELT

Ich lebe nicht in der
besten aller Welten,
jedoch in meiner
persönlichen Welt.
Wie ich sie fühle, erlebe.
Gerade darum bin ich
für mein Tun und Handeln
verantwortlich.

JEDER TAG EIN GUTER TAG

Keine nichtige Wolke

durchzieht den Geist.

Nichts betrübt und dunkelt.

Eine Seele berührt

die des Anderen.

Die Sonne erstrahlt

in voller Kraft.

Winter wird Sommer.

Es ist ein guter Tag.

FLUG 701

Abheben,

aus sich selbst heraus,

durch seiner Seele tiefster Gründe.

Aufsteigen,

um dem entgegenzutreten,

was einem Licht ist.

HITZE

Die Hitze treibt hinaus.

In Gedanken versunken,

die Welt um sich erfassend.

Der Welt Lauf

scheint zu stocken.

Die Hitze treibt mich

durch meiner selbst.

Ich stehe am Beginn

und versuche die Welt

durch mich zu erfassen.

STROM

Es sprudelt munter hervor,
windet sich klein und wieselflink entlang,
bis zu jenem Punkt,
wo es breiter und träger wird.
Langsam und gemächlich fließt es weiter.
Bis zu jenem Punkt,
wo es in ein Zweites aufgeht und eins wird,
um zielstrebig mit vereinten Kräften
dem einen, dem großen Geschehen,
entgegenzufließen.

ZEITENWANDEL

Nebel hat sich gesenkt, er verwehrt den Blick,
den Gang zurück. Was bleibt ist eine Erinnerung.
Ein vages Bild vom bestrittenen Weg.
Und vielleicht eine Ahnung was vor einem liegt.

Wer jetzt keinen Mut hat weiterzugehen,
der bleibt gefangen in der Vergangenheit.
Schmiegt sich in Erinnerungen und
Vergangenes wird zur Gegenwart.

Die Zeit, das Leben und Sein fällt in sich,
und bleibt Gefangener des Mutlosen.
Das zarte Licht der Zukunft
dringt irgendwoher zu mir.
Ich zögere zu folgen, weiß ich doch nicht,
wo die Sonne scheint.

Wer jetzt den Mut hat
der Quelle der neuen Zeit zu folgen,
sieht auch in Zukunft auf Vergangenes zurück
und kann sein.

SPRÜCHE

In Zeiten der Hilflosigkeit
wirft man nur allzu oft das brauchbare Werkzeug
fort, um mit den bloßen Händen weiterzugraben.

Wer zu sehr auf die Nichtigkeiten blickt, mag
vielleicht in ein tiefes Loch von Wichtigkeiten
fallen.

SIE

... steht da.

Ich glaube sie schon lange zu kennen.

Jede Bewegung zu mir ist vertraut,

und das Lächeln ersehnt.

Da ist sie.

Die Geschichte zeigt sich als Bekannte.

Jede Bewegung fort von mir ist vertraut

und das Aneinanderschmiegen ersehnt..

Hier war sie.

Ich glaubte sie schon lange zu kennen.

Eine fremde Geschichte zu leben führte

sie fort und ein Wiedersehen ist ersehnt.

SPRUCH

Bei aller Tragik mancher Situationen führen einem Rachegefühle und Ausgrenzung nicht dorthin, wo man gerne ursprünglich gewesen **WÄRE**!

BAR 98

Der Raum ist sehr voll

Das Mädchen am Tresen lächelt

Freude kommt auf

KAFFEEZUSATZ

Zucker

Sucre

Sugar

Zuccero...

... schon zu süß!

KAFFEEHAUSGAST

Sitzt

Trinkt

Schweigt

Liest

Trinkt

Steht auf

Geht

HERBSTSTROPHEN

Wenn die Luft als sanfter Hauch,
als Nebel allen sichtbar emporsteigt,
der Wind die Bäume entblößt
die schwarzen Vögel in Schwärmen
ihre Ankunft verkünden,
bleibt oft ein Blatt am Baum
und versichert die Wiederkehr.

Wenn die Wasser nieder sind,
das Fließen gerinnt,
die Nebel der Weite
mit vermeintlicher Räumlichkeit
ihrer Grenze mahnen, fällt es schwer
dem Gedanken der Neuerung
Glauben zu schenken.

In Ketten gelegt,
dem ständigen Kreislauf
unterworfen, ach
wie sehnt' ich die Zeit
der Zwanglosigkeit wieder her.

Wie der Tautropfen durch Frost erstarrt
und scheinbar unbeweglich der Dinge harrt,
fühl' ich mich durch der Verläufe Gewalten
an Ort und Zeit gebunden.

Ein Sonnenstrahl, ein winzig kleiner
Strahl wenn nur, zeigte mir
die Wärme und Sinnlichkeit.
Der Zug der Zeiten verbietet dies.
Immer seltener wird die Sinnlichkeit.
Mir allein fehlt die Kraft dies zu tragen.

Gleich dem Sonnenaufgang,
der dem Tautropfen seine
behände Art wiedergibt
und sich vereinigen kann
mit dem ewigen Kreislauf,
gibst du mir Hoffnung,
den Gegebenheiten zu entgegnen,
welche die Zukunft geleiten.

LAUNE
Wortmanufaktur

Auf ihrem Rücken durch die Nacht getragen,

oftmals mitgerissen, losgelassen;

Es gibt kein Bleiben, kein Verweilen.

Es gilt sie nur auf sich zu nehmen.

TRAUM
Wortmanufaktur

Offen dagelegen,

gerne genommen,

warten und laufen,

Sicherheit verlassen,

einem Rausch gefolgt,

den Boden verloren

- Aufgewacht

DARWIN
Wortmanufaktur

Der Keim der langen Nacht,

die Freude benetzt,

in das Dunkel getragen -

oft und vieler Orte

beweist der Stärke Tatendrang

LAUTLOS
Wortmanufaktur

Schweigen über dem Tag

Schweigen, nichts als Schweigen,

und doch Leben in allen Gassen

leise vermischt;

hinter die Pforte hinaus

niemand wagt sich.

Schweigen, nichts als Schweigen

bevor der Tag gerinnt.

BUßE
Wortmanufaktur

Fluss der Zeit, Fluss des Lebens,

bedächtig entwickeln sich Wünsche.

Unzufriedenheit löst das Glück

aus den Händen,

wenn der Sinn weicht,

und wenn Träume

wie Asche verschwinden,

in alle Winde gestreut,

findet sich doch niemand

der es bereut.

ZEITVERSCHOBEN
Wortmanufaktur

dem Leben gefolgt

solange es Spuren zeigte

manchmal verlöscht

und schwer zu erkennen

abwesend dasitzend

wiederentdeckt

WAR ES NIEMAND?
Wortmanufaktur

Wie eine keifende Rotte

von streunenden Hunden

kommen sie in der Nacht.

Unerkannt, beschützt vom Dunkel,

das einen braunen Mantel

der Namenlosigkeit

über ihre Absichten breitet.

Und wie die Kinder

ihre Tränen verschlucken,

weil sie und ihre Familien das sind,

was sie nie sein dürfen.

Und niemand ist es gewesen.

DIE BÜHNE

Der Hintergrund wird
zum abgestimmten Gemenge,
zur Dekoration.
Kein Ton hebt sich hervor.
Nichts beirrt.
Im Vordergrund steht nur eines.
Und doch ist da alles.
Aufgegangen in der
Unendlichkeit.

PFLAUMENBLÜTE

Die Blüte kündigt endgültig
den Besuch des Winters auf.
Die Sonnenstrahlen weisen
auf die weiße Feierlichkeit,
die doch mein Herz so entzückt.

SOMMERAUSGANG

Die Pflaumenblüte hat längst schon

auf den Frühling hingewiesen.

Die Sonne der Wiesen Grün fortgeschickt.

Die weiße Pracht die einst mein Herz

entzückte, ist sattem Blau gewichen.

Ein neuer Abschnitt steht bevor.

Angenehm und beschwerlich zugleich.

In den Winter

Kalt und unverwandt,
nichts erinnert an die Freuden
des Vorangegangenen.
Ach könnte ich mich noch einmal
kurz an der Blüten Pracht ergötzen.
Dieses vertraute Bild wohnt mir inne -
es hilft zu überstehen.

Liebste

Nichts entlohnt mehr,

als dein Entzücken,

wenn du meine Nähe wähnst.

Alles verblasst und vergilbt,

doch du bleibst mir zugewandt.

Die Vergangenheit, sie ist ebendort.

Der Augenblick ist aufrecht

und besteht.

ODE AN DEN HUND

Alle Pfoten voll zu tun
mein teurer Freund?
Nicht immer anschmiegsam,
jedoch stets zu Diensten.
Alles vergeben und vergessen
trägst du mit den Kummer
und teilst die gute Laune.
Kein Hinterfragen liebster Freund?
Zu Füßen liegst du und zu selten
beuge ich mein Haupt.

DAS LEBEN IST SCHÖN

Mit Behagen durch den Zauber

der Natur gehen,

sich seiner sicher sein.

Eine Hand berührt eine Zweite.

Die Sonne wärmt und richtet auf.

Was sie nicht vollbringt, das

schafft die Zärtlichkeit mit der

sich einander die Hände fassen.

LIEBESLIED

Der Wind singt ein Liebeslied.

Ganz leise nur ist es zu vernehmen,

wenn man die Kälte übergeht,

unbeirrt seines Weges zieht

und in Gedanken wandert,

dorthin woher die Wärme kommt.

GOTTVERTRAUEN

Soll ich in den Himmel steigen,
wo er doch auf Erden zu sein vermag?
Was kann einen schon bedrängen,
wenn es Ergebenheit gibt?
In uns ist er, darum kann ich auch
an dich glauben.

OHNE...

In Nebel gehüllt ist die Stadt,

meine Schritte hallen wie von fern.

Des Nebels Behang vermischt sich

mit dem fahlen Anblick der Häuser.

Der Finsternis Schwärze legt sich über uns.

Ohne Wärme glaubte ich mich verloren.

Ohne Vertrauen wähnte ich mich schon erkaltet.

Ohne dich erlebte ich nicht wohin ich wollte.

GOTTGEWOLLT?
(Tierliebe)

Seiner Untertan geworden,

nicht beschützt – ausgebeutet.

Harter Arbeit Früchte

dem Nächsten abgegeben.

In Ehren ergraut, unbeschämt;

kraftlos, nicht entschädigt abgestellt.

Erniedrigt, hingeschmissen und vergessen.

Einige wenige nur erbarmen sich.

Der Mensch kann nur noch

auf Vergebung hoffen.

SEHNSUCHT

Die Zeit, sie rinnt so langsam.

Irgendwoher dringt das Leben zu mir.

Einzig gilt es zu überstehen.

Geduldiges, gespanntes Warten;

Geschehnisse ergeben sich am Rande –

die Hauptsache ist Erwarten, Erhoffen.

Niedergeschlagenheit mischt sich

mit Zuversicht.

Einerlei wie, doch nur wann

wird der Augenblick sein?

Ach wärst du nur hier.

Die Zeit, sie rinnt so langsam.

TRÄUMEREI

Hier bin ich nun,
lasse die Gedanken schweifen -
hin zu einem Traum.
Träume meine Bilder,
so farbenprächtig, so hell,
freue mich, sehne mich –
lasse die Gedanken schweifen,
hin zu dir.

EINE BITTE

Ist es wahrhaftig, so wie es scheint?

Unglaublich, nie dagewesen –

vermag es ein Chimäre zu sein?

Ich trage ein Bild in mir.

Eines, dass ich nicht gestaltete, nicht wusste.

Mit geschmackvollen Ausdrucksweisen,

so anmutig - offenbare mir wie es glückt!

STIMMEN

Die großen Stimmen der Vergangenheit
erschließen meine Gedanken.
Ich phantasiere von Prächtigem
und erarbeite doch nur kleinlich
einen Traum, bereitet von den Granden.
Im Erwachen finde ich etwas von mir.

VERSUCH

Der Nebel weist in die Schranken.

Bescheidenheit wird zur Tugend.

Der abendliche Gang, dieser Weg,

so oft bestritten, erscheint

in fremden Dimensionen.

Beschränkt sich auf die Nähe.

Fernes wird erahnt;

Blindes Tasten, Stolpern und

Erfahren – wie neu ist doch

immer wieder diese Zeit.

DER FLUSS

Eingesäumt, unverwandt
besetzt er seinen Platz.

Strömen sollte er,
doch die Macht der Natur
gebietet braches Liegen.

Die Jahreszeit lässt erstarren.

Die Stunde gerinnt, sie stockt.

Atem beginnt sichtbar zu werden.

Geheimnisvoll und dunkel liegt
er in seinem Gerinne
und lässt auf vieles schließen.

Allein er birgt ein Mysterium,
das sich nicht jedem offenbart.

SPAZIERGANG

Das weite Land,

die ganze Welt darin.

Ein kleines Stück nur

kann ich sehen;

es offenbart sich

Gottes Größe.

ZEITFRAGE

Die Zeit wird hörbar –
ganz leise, wenn alles
vor Spannung still wird,
dann zieht die Zeit vorbei.
Anfangs ganz langsam –
und wenn du glaubst,
sie halten zu können,
dann ist sie auch schon vorbei
- die schöne Zeit.

TAMINO

Erinnerungen gaben diese Weisen.

Bilder fanden sich dazu.

Mit zarter Andacht und auch Wehmut

geht die Reise in alte Zeiten.

Der Wohlgesang der Vergangenheit,

umarmt sie und verweilt.

Innig war ihr Sein, ihr Schaffen,

und trägt seine Festlichkeit

weit hinein in die kommende Zeit.

Andreas Reinl

Zehntausend Dinge

Neue gefühlvolle Lyrik

ISBN: 9783837035216